板球游戏

苏 巍 钱啸寅 冯 坚 主编

同济大学出版社
TONGJI UNIVERSITY PRESS

编委会

序

板球，是一项具有悠久历史和广泛国际影响力的集体球类运动，它崇尚体育精神、公平原则，有庄重的仪式感。第一次有史料记载的板球比赛发生在 1611 年的英格兰地区。目前在全世界有 100 多个国家和地区开展板球运动，尤其盛行于澳大利亚、新西兰、巴基斯坦、印度、孟加拉国、尼泊尔等国家。

2004 年，国家体育总局小球运动管理中心开始与国际板球理事会和亚洲板球理事会合作，在中国开展板球运动。随后，板球在 2010 年广州亚运会上第一次成为亚运会正式比赛项目，中国国家女子板球队也一举荣获亚洲第四名的好成绩。目前，在我国百余所各级各类学校中都有各种板球课程和板球活动。

随着《中华人民共和国国民经济和社会发展第十四个五年规划和 2035 年远景目标纲要》的发布，基本建成体育强国已成为 2035 年远景目标之一。中国也始终坚持实施更大范围、更宽领域、更深层次的对外开放，并致力构建人类命运共同体。

板球作为一项风靡全世界的体育运动，也不能在体育强国的建设中缺席。我国已开展板球运动十余年，这项体育运动既能够促进全民健身和健康中国的建设，又能够帮助广大青少年强身健体、掌握一项精彩而有趣的体育技能，同时还能够服务于中国特色大国外交，使更多的中国人通过板球广交天下朋友。因此，在我国更好、更快地普及和推广板球运动一直是国家体育总局小球运动管理中心的一项重要工作。

本书用通俗的语言、诙谐的图画、寓教于乐的游戏方式，简明扼要地把板球运动的基础知识和各类技巧，一目了然地展现给广大的读者，尤其是板球运动的初学者。本书的出版将有利于板球运动在我国的进一步推广，带动更多人了解、喜爱并参与板球运动。

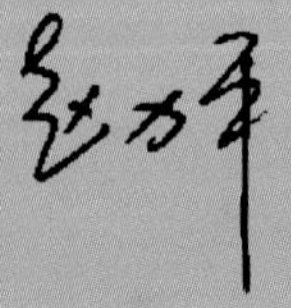

2021.12

前言

板球，一项风靡全世界的体育运动。在我国引进板球运动以来的十余年中，它表现出既能服务于体育强国建设又能服务于我国特色大国外交的鲜明特点。进入新时代，以深入浅出、通俗易懂的方式向大众介绍板球这一运动，普及板球运动、助力板球事业发展，是编写本书的初衷。

回顾整个编写历程，可谓“集腋成裘、聚合众力”，我们本着“不揣冒昧、不惧贻笑”之心，于教学实践及各级赛事中广泛收集板球知识、运动案例，经悉心筛选、凝练、汇编成册，以期用简短的篇幅、诙谐的配图，扼要、明晰、系统地阐清板球运动比赛场上不同位置的特点、基本技术、动作要领、练习方法和实用技巧，并配以多种特点相符的游戏及玩法。其中，苏巍老师主持编写，钱啸寅老师负责书中投球和综合练习模块的设计，冯坚老师负责书中击球和外野模块的设计，副主编和编委共同参与资料收集、游戏设计、文字编排等工作。

本书可作为板球运动基层教练员、中小学教师的参考用书，也可作为广大板球运动爱好者的启蒙读物、基础读本。

由于编者水平有限，若书中有不当之处，恳请广大读者批评指正！

编 者

2021.12

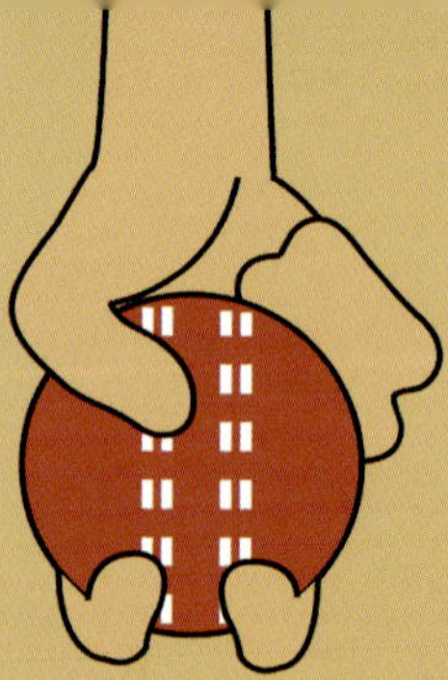

目录

4 投 球

5 综合练习

6 热身游戏

板球装备

1

球

各种类型的球都可以使用——网球、海绵球、软球等。

球板

塑料或者木制的。

锥形桶

圆锥形的标识，可以标记场地，也可以当作目标物来帮助提高传球、投球和击球的准确性。

球座

可以用球座来引导击球。如果没有球座，也可以用锥形桶作为替代。

桩门（三柱门）

可以使用塑料材质或者木质的桩门。

外野

2

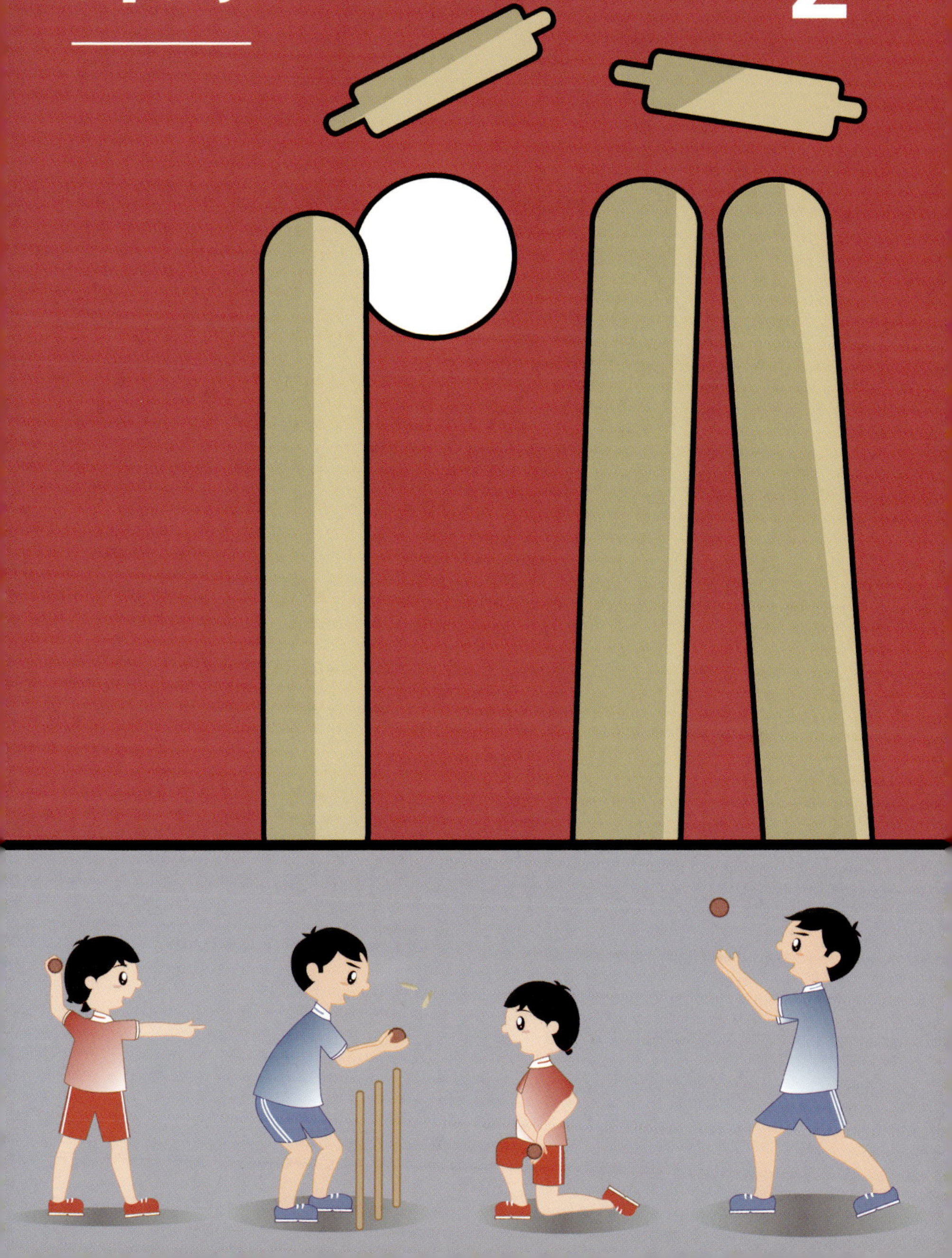

基础知识

下手传球

- 一个好的下手传球是伸直手臂，向后摆摆臂，另一条腿（与传球手相反侧）朝着传球方向前跨，然后向前挥动持球手臂释放球，同时让手掌对准传球方向。

上手传球

- 用于距离较长的传球。传球时应侧身，非投掷手臂指向传球方向，同时与非投掷手臂同侧的脚前跨，投掷手臂由后向前做鞭打动作，并注意保持投掷手臂的肘部高度，在投掷过程中身体重心由后向前快速转移。

接球

- 球员必须学会接住球，因为这是淘汰击球手的主要方法之一。接球时，球员应迅速到位，保持头部不动，眼睛盯着球，两只手并在一起，两小指紧贴，手掌面向来球，准备好接住球后的缓冲。

地面接球

- 指当球在地面上时的接球。快速接球的最好方法是弯曲膝盖，降低重心，身体在一个较低的位置，用两只手接球。

守桩

- 对于守桩员来说，如果击球手没有击到球，那么接到投球手投出的球也是很重要的。守桩员应该弯曲膝盖，降低重心，身体处于一个较低的位置，等待在桩门后，同时应与桩门保持一段较为合适的距离，准备接球。守桩员要做的另外一件很重要的事是经常要接外野手传来的球。接外野手的传球时，守桩员应站在桩门附近。

接住球

游戏时间：	所需器材：	建议分组：
10 分钟	球	大组（6~8 人）或者小组（2~4 人）

游戏目标：准确地抛接球

教学指导

1 每人 1 个球，在场地上找到空位。

2 教练报出 1 个数字，球员们在原地做相应次数的抛接球。

3 当完成抛接球后，球员们要绕着场地跑动，直到教练再报出 1 个数字。

游戏进阶

- 一次性接 10 个球。
- 每个人接球的时候要一直不断移动。
- 试着扔球，鼓掌 1 次，然后再接球。当这个动作变得越来越容易时，增加在接球过程中鼓掌的次数。
- 在移动中加入不同的动作，比如双脚跳、单脚跳、侧身跑等。

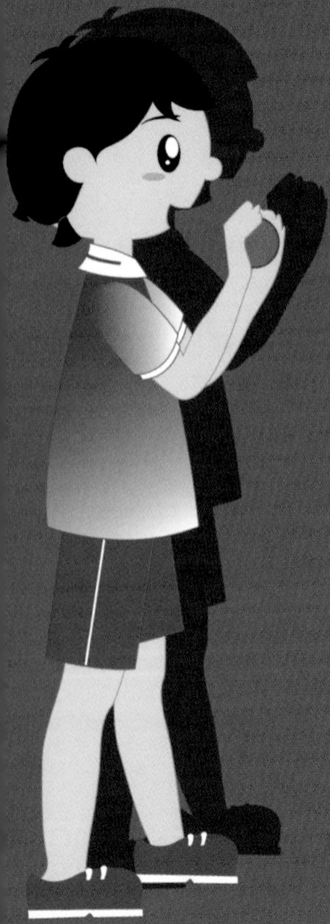

指导点 / 成功标准

- 眼睛看着球。
- 双手呈杯状捧在一起，两小指紧贴。
- 接球时手掌应面向球。
- 球进入手中时必须要有缓冲。

问题引导

- 接球的时候，你的眼睛应该做什么？
（所有时间都在看球）
- 你应该怎么放你的手？
（手掌朝上，两小指紧贴）
- 当你移动或者站立静止的时候，哪个更容易接到球？
（站立静止的时候）
- 你为什么会认为这种方式接球更简单呢？
（因为眼睛更加稳定并且锁定在目标上）

跑动防守

游戏时间：	所需器材：	建议分组：
10~15 分钟	球、桩门、锥形桶	每组 4 人

游戏目标：尽快地阻止球

教学指导

1 每组 4 人（1 名击球手，3 名外野手）。

2 准备 2 个相距 10 米的桩门，让击球手在桩门间跑动。

3 击球手下手尽可能远地把球扔进场地，当外野手跑去接球时，击球手在桩门间跑动。

4 当外野手拿到球时，应该把球举到空中并且喊“停”，这就是击球手停止跑动的信号。

5 击球手与外野手交换角色时，计算击球手在桩门间跑了多少个来回。

6 得分最高的击球手获胜。

游戏进阶

- 把球滚进场地。
- 要求外野手把球放到锥形桶上（在指定的地方放置锥形桶）。
- 用球板把球打进场地。

指导点 / 成功标准

- 身体放低。
- 膝盖弯曲。
- 用两只手收集球。

问题引导

- 场地中防守的最佳站位是哪里?
  (远离其他外野手)
- 击球手最佳的扔球地点是哪里?
  (场地的空旷处)
- 最好的追球人选是谁?
  (离球最近的人)
- 如何帮助队友反应更快?
  (通过喊叫和指示)

装进桶里

游戏时间：	所需器材：	建议分组：
5 分钟	球、锥形桶、桶（或袋子）	无

游戏目标：将球装到桶里的速度要快于将球从桶里拿出的速度

教学指导

1 球员分散站在锥形桶围成的场地内。

2 教练向各个方向抛球（包括身后）。

3 场地上的球员收集球，并跑动把球放回桶里，确保桶不变空。

游戏进阶

- 可分成人数较少的若干小组，由 1 名球员担任抛球的任务。
- 场地上的球员收集到球后，让球在地上反弹 1 次，然后接住球，再把球放回桶里。

指导点 / 成功标准

- 降低重心。
- 弯下腰收集球。
- 用双手收集球。

问题引导

- 你需要做什么来确保与其他球员不发生碰撞？（注意你要去的地方）

打劫巢穴

游戏时间：	所需器材：	建议分组：
10~15 分钟	锥形桶、球	每组 2 人

游戏目标：在结束时拥有最多的球

教学指导

1 所有的球都被放在场地中间，作为“巢穴”。

2 2 人一组，球员从距离“巢穴”4~5 米远的锥形桶出发（锥形桶是围绕着“巢穴”展开的）。

3 球员跑到“巢穴”，收集 1 个球（每次只允许取 1 个球），然后返回自己的锥形桶，每组球员要轮流从中间收集球，当中间的球被收集完后，要从其他人的锥形桶那里“偷球”（要求同上）。

游戏进阶

- 把球滚回队友的锥形桶。
- 把球抛向空中然后再接住它——直到放回队友的锥形桶。
- 可改变移动方式，采用双脚跳、单脚跳、侧身滑步等。

指导点 / 成功标准

- 降低重心。
- 弯下腰收集球。
- 用一只手拿着球。

问题引导

- 你需要怎么做才能使球滚动准确?
  （保持滚球的手臂垂直，并将非滚球的手臂指向目标）
- 为什么准确地投掷球和滚球在板球比赛中是非常重要的?
  （需要准确击中桩门）

接球冠军

游戏时间：	所需器材：	建议分组：
5 分钟	球、锥形桶	每组 2 人

游戏目标：在不同的距离下完成传接球

教学指导

1　2 人一组，球员之间距离 2~3 米。

2　低手传弧线较高的球。

3　数他们接到了多少个球。

4　接到 5 个球后，一名球员向后移动 1 米，2 人再次尝试传接 5 个球，以此类推。

撞倒桩门

游戏时间：	所需器材：	建议分组：
10 分钟	球、锥形桶、桩门	每组 2 人

游戏目标：低手滚球并且撞倒桩门

教学指导

1 2 人一组。

2 每组 1 个桩门，相距 5 米放置 1 个锥形桶。

3 一名球员在桩门后，充当守桩员。

4 另一名球员从锥形桶后面开始，下手滚动球，尝试击中桩门。

5 守桩员捡球，然后跑向锥形桶，下手投球者跑向桩门成为守桩员。

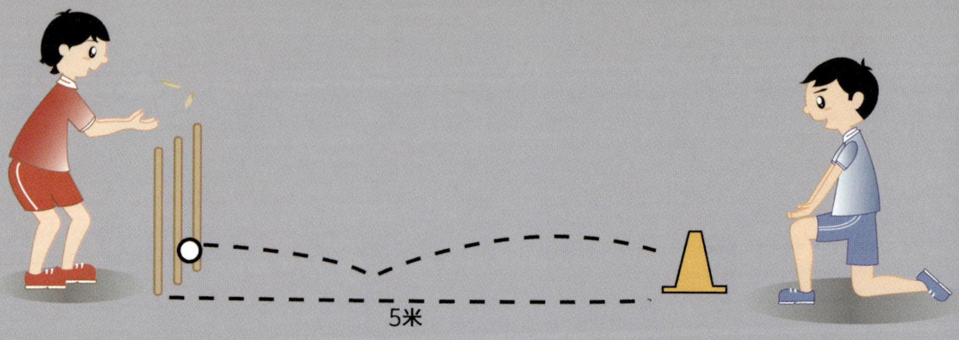

到处都是

游戏时间：	所需器材：	建议分组：
10~15 分钟	球、锥形桶	每组 2 人

游戏目标：与搭档一起传球并接住球

教学指导

1　2 人一组。

2　设置锥形桶，每对相距 2 米。

3　每组球员从第一组锥形桶开始，做传接球。

4　移动到锥形桶之前，先做 5 次传球，再移动到下一组锥形桶，再做 5 次传球。

5　一旦一对球员成功经过了 5 组锥形桶，游戏结束。

游戏进阶

- 叫出一个不同的号码（每组锥形桶的编号）。
- 指导球员接高球和低球。
- 接左边的来球或者右边的来球。
- 用左手或者右手交替接球。
- 接地滚球。

指导点 / 成功标准

- 眼睛盯着球。
- 双手并拢，两小拇指紧贴。
- 接球时，手掌应该面对球。
- 接球时一直保持缓冲动作。

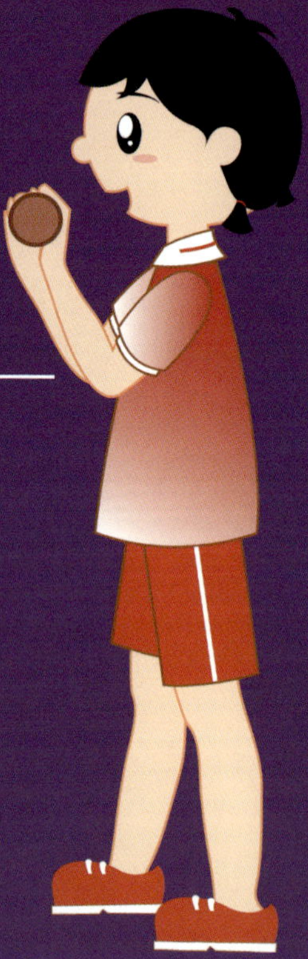

问题引导

- 当你们靠得很近时，最好的投掷方式是什么？（低手传球）
- 什么时候使用低手传球？（离桩门较近的时候）
- 如何确定你与同伴是行动一致的？（互相交流，确定好目标）

俯冲扑球

游戏时间：	所需器材：	建议分组：
10~15 分钟	锥形桶、球	每组 2 人

游戏目标：通过身体俯冲扑住球

教学指导

1 2 人一组。

2 一名球员在锥形桶中间跪倒。

3 另一名球员把球滚向锥形桶，让队友去扑住球。

4 6 个来回后，球员交换位置。

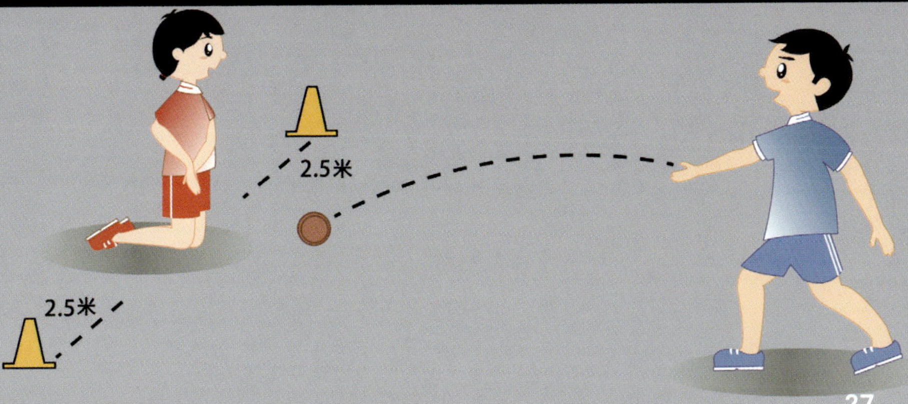

游戏进阶

- 球员从移动膝盖到蹲伏。
- 球员从蹲到站。
- 拉大锥形桶之间的距离。

指导点 / 成功标准

- 保持离地面较低的身体状态。
- 充分伸展身体。
- 始终保持眼睛注视着球。
- 用身体的一侧着地。

问题引导

- 你的眼睛应该集中在哪里？
（在球上）
- 你应该用身体的哪一部分着地？
（较大的部分）
- 你应该用身体的哪个部分阻止球？
（用手）

击中桩门

游戏时间：	所需器材：	建议分组：
10~15 分钟	锥形桶、球、桩门	每组 2 人

游戏目标：成为第一个击中桩门的人

教学指导

1 2 人一组。

2 设置 1 个桩门，前、后各放有 3 个锥形桶。

3 一名球员站在桩门前 10 米，另一名球员站在桩门后 10 米。

4 一名球员试着用低手传球击中面前 3 个锥形桶中的 1 个，另一名球员捡球，然后也试着击中锥形桶。

5 一旦面前 3 个锥形桶都被击中，球员需要试着击倒桩门。

游戏进阶

- 组与组之间比赛。
- 增加锥形桶的数量。
- 增加球员与锥形桶的距离。
- 用上手传球来击中桩门。
- 把桩门木桩从 3 个减少到 2 个，再到 1 个。

指导点 / 成功标准

- 低手传球。
- 充分伸直投掷手臂。
- 与投掷手臂相反边的脚前跨并指向传球方向。
- 投掷手臂的手掌正对传球方向。

问题引导

- 你的投球如何才能更加准确？
  （用你的非投掷手臂指向目标）
- 如果你的球飞得不够远，你要做什么？
  （更用力摆臂）
- 为什么合作是有利的？
  （这样你就可以打败别的小组）
- 你要做什么才能和伙伴更好合作？
  （好好交流，轮流担当守桩员）

击球

3

基础知识

击球的握板方式

- 两只手一起舒服地握在板柄的中间，每只手的拇指和食指呈 V 形，“V”的开口指向球板的前端。

击球的准备姿势

- 指击球手面对投球手时准备击球的方式。击球手应侧身站立，双脚与肩同宽，保持头部直立，双眼水平。

球板后摆挥出

- 在球板后摆（引板）挥出前应保持正确的握板方式和站姿。头部静止不动，眼睛保持水平，球板向后摆动（引板），翘起手腕，向后挥动球板，同时前倾肩部，向前迈步，向下挥动球板，用球板的正面击球。

测试追赶

游戏时间：	所需器材：	建议分组：
10 分钟	锥形桶、球、球板、桩门、球座	每组 2 人

游戏目标：在桩门之间跑动并向前滑动球板进线

教学指导

1 把球打离击球座。

2 2 人一组，在桩门之间跑动。

3 在每一端，使用向前滑动球板技术进线。

4 要有更进一步的挑战：

- **完成 1 次跑动**
  并且正确地向前滑动球板进线，得 1 分；
- **完成 2 次跑动**
  转身，并且每次正确地向前滑动球板进线，得 2 分；
- **完成 3 次跑动**
  转身，并且每次正确地向前滑动球板进线，得 3 分。

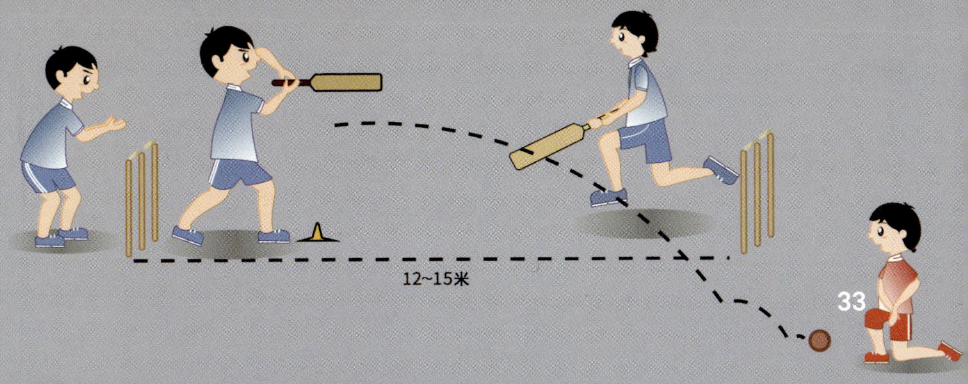

打到球

游戏时间：	所需器材：	建议分组：
20 分钟	锥形桶、球、球板、球座	每组 6~8 人

游戏目标：尽可能多得分

教学指导

1 每组 2 名击球手，4 名外野手（每组 6 人）。

2 建立 4 个垒组成一个菱形。

3 击球手将球从球座上打出后，尽可能快地跑垒。

4 防守方的 4 名外野手在每一个垒的周围准备接球并传球，目的是使球快速回到原位（球座）。

5 如果在球回到原位（球座）之前，击球手跑回来，得 1 分，反之防守方得 1 分。

游戏进阶

- 选择低手扔球或者投球。
- 增大或减小菱形的面积。

指导点 / 成功标准

- 正确地用两只手握住球板。
- 侧身站立击打球。
- 后引球板并翘起手腕。
- 前跨击球，并注意随挥动作。
- 向下挥板，用球板正面击球。
- 击球时保持头部稳定。

问题引导

- 你应该向哪里击球从而得到更多分数？
  （击打到空的场地上）
- 外野手在面对击球手打出的球时，正确的接球手型是怎样的？
  （手掌朝上，两小指紧贴）

击打球

游戏时间：	所需器材：	建议分组：
5 分钟	锥形桶、球、球板、球座	每组 3 人

游戏目标：用正确的方式把球打离击球座

教学指导

1 放置击球座，并在距离击球座 10 米的地方设置区域 1 和区域 2。

2 击球手把球打离击球座。

3 得分是根据球打入哪个区域来判定的：

- **球打入**
  区域 1=1 分
  区域 2=2 分
- **如果打中了锥形桶，那么击球手得 2 分。**

4 外野手将球放回击球座。

5 击球手打出 3 个球后与外野手交换。

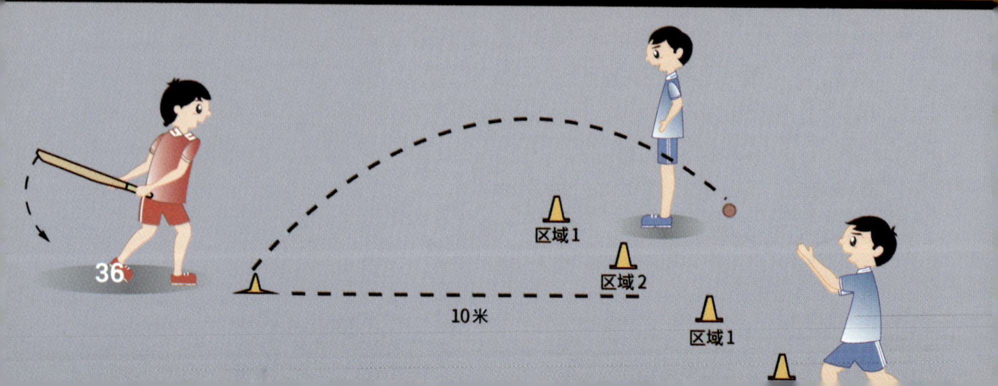

游戏进阶

- 让外野手把球放回相邻的锥形桶上。
- 每次把球从锥形桶上打下来后，击球手必须移动至不同的锥形桶。
- 击球手使用球板把球打下来。
- 外野手必须将球抛起并且接住 3 次，然后再将球放回锥形桶上。

指导点 / 成功标准

击球手：

- 弯曲膝盖，脚前跨；
- 用球板正面击打球。

外野手：

- 弯曲膝盖，降低重心；
- 用两只手接球。

问题引导

- 外野手该如何保证自己不会与队友碰到一起？
  （大声呼喊“我的”）

击球进区

游戏时间：	所需器材：	建议分组：
10~15 分钟	锥形桶、球、球板、球座	每组 4 人

游戏目标：把球推或打得更远

教学指导

1 每组 4 人（1 名击球手，3 名外野手）。

2 设置 2 排锥形桶，每排放 4 个，每个锥形桶相隔 5 米，组成 3 个区域。

3 击球手将球从球座上推或打到区域 1，然后是区域 2，最后是区域 3。

4 击球结束后，外野手去捡球并且将球放回击球座，为下一次击球做准备。

5 一直继续，直至小组的所有人都完成一轮击球。

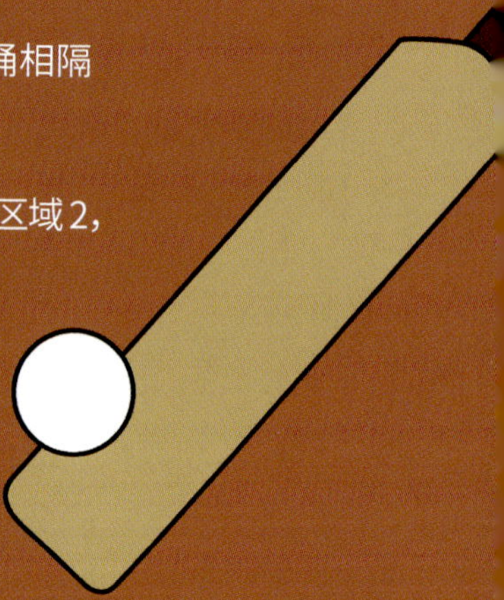

游戏进阶

- 如果球进入正确的区域，击球手将会得到 1 分。
- 改变击球手击球的顺序，比如先区域 3，再区域 2、区域 1。
- 让外野手喊出球进入的区域。

指导点 / 成功标准

- 正确地握球板。
- 击球时侧身站立。
- 向后引球板，手腕翘起。
- 向下挥板，用球板的正面击打球。

问题引导

- 如果球飞得太近或者太远，你需要做什么？
  （简单地打得更重或者更轻，有助于提高对球的判断力）
- 作为外野手，应该如何做到互相帮助？
  （相互呼应，配合把球传回去）

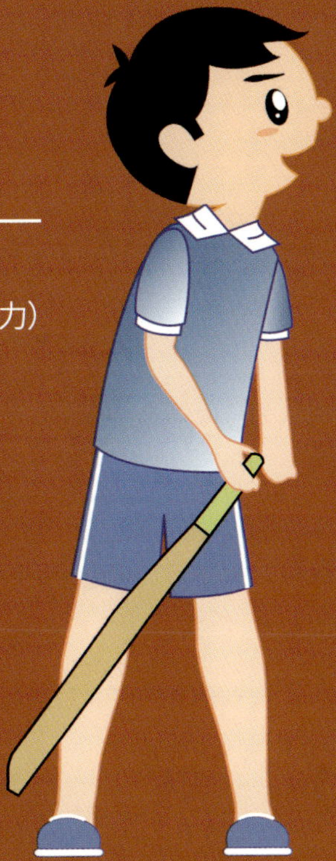

击球手与外野手

游戏时间：	所需器材：	建议分组：
10 分钟	锥形桶、球	每组 6~8 人

游戏目标：把球从锥形桶上打下来

教学指导

1 分成 2 个人数相等的小组（击球手 VS 外野手）。

2 在每个锥形桶上放 1 个球。

3 击球手必须尝试只用手掌把球打掉。

4 于此同时，外野手把球放回锥形桶上。

5 一段时间结束后，小组角色交换。

游戏进阶

- 让外野手把球放回相邻的锥形桶上。
- 每次把球从锥形桶上打下来后，击球手必须移动至不同的锥形桶。
- 击球手使用球板把球打下来。
- 外野手必须将球抛起并且接住 3 次，然后再将球放回锥形桶上。

指导点 / 成功标准

击球手：

- 弯曲膝盖，另一只脚前跨；
- 用手掌击打。

外野手：

- 弯曲膝盖，降低重心；
- 用两只手收集球。

问题引导

- 你下一步应该移动到哪里？
  （击球手：移动到下一个有球的锥形桶；
  外野手：移动到从锥形桶上掉下来的球）
- 你该如何保证自己不会与队友移动到同一个锥形桶？
  （大声呼喊“我的”）

跑动淘汰

游戏时间：	所需器材：	建议分组：
10 分钟	锥形桶、球、球板、球座、桩门	无

游戏目标：跑赢对方

教学指导

1 采用 4 VS 4 的比赛形式（击球手 VS 外野手）。

2 根据图示设置游戏，把球放在球座上，对着一组桩门。

3 开始后，第一个击球手跑到桩门然后折返；第一个外野手跑到球座捡球，然后折返。

4 第一个回来的得 1 分。

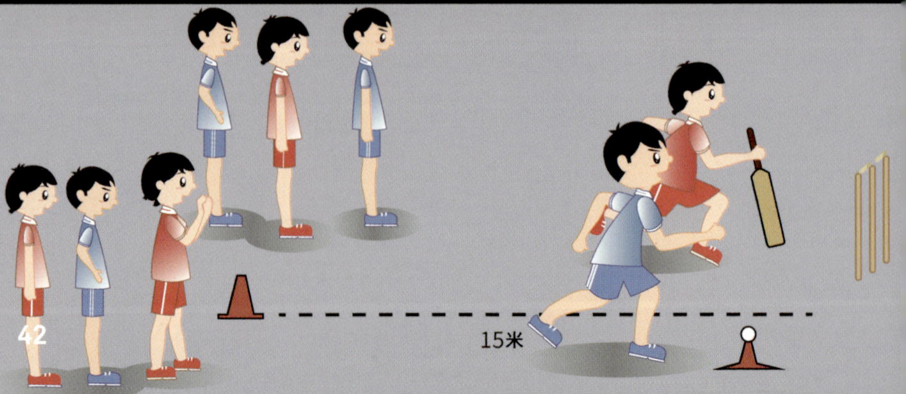

游戏进阶

- 把球座放得更远（桩门不变），击球手要跑 2 个折返。
- 击球手从球座上击球并且跑出，外野手追球并且把球带回球座。
- 沿着球击出的方向放置 2 个锥形桶，击球手可以选择跑向第一个得 2 分或是第二个得 4 分（依据击球后的判断）。

指导点 / 成功标准

- 两只手正确地握球板。
- 跑动时用一只手握球板。
- 抵达时用球板触碰桩门。
- 快速转身。

问题引导

- 对于击球手和外野手来说，活动中最慢的动作是什么？
  （击球手：转身；外野手：把球带回球座）
- 该如何加速呢？
  （击球手：注意转身的方向，加快转身；外野手：把球传给外野其他球员）

折返跑

游戏时间：	所需器材：	建议分组：
10~15 分钟	锥形桶、球、球板	每组 2 人

游戏目标：快速折返跑动

教学指导

1 2 人一组。

2 放置 3~4 个锥形桶，间隔 5 米（准确距离）。

3 依次跑到第一个锥形桶返回、第二个锥形桶返回、第三个锥形桶返回。

4 用右手触摸每个锥形桶。

5 完成所有锥形桶的折返跑。

6 再用左手触摸每个锥形桶，重复上述折返跑。

7 与其他组进行比赛。

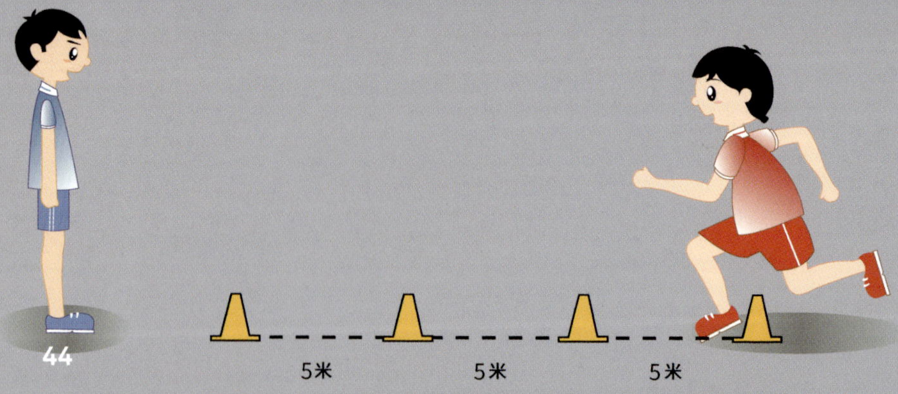

游戏进阶

- 交替使用双手触碰每个锥形桶。
- 带着球板跑。
- 变换折返跑的动作，比如单脚跳、双脚跳。

指导点 / 成功标准

- 一只手拿球板。
- 用球板触碰锥形桶。
- 快速转身。

问题引导

- 你一定要跑到锥形桶吗？还是你可以用球板去触碰它？
（最好是用球板触碰，这样会缩短跑动的距离）

投球

4

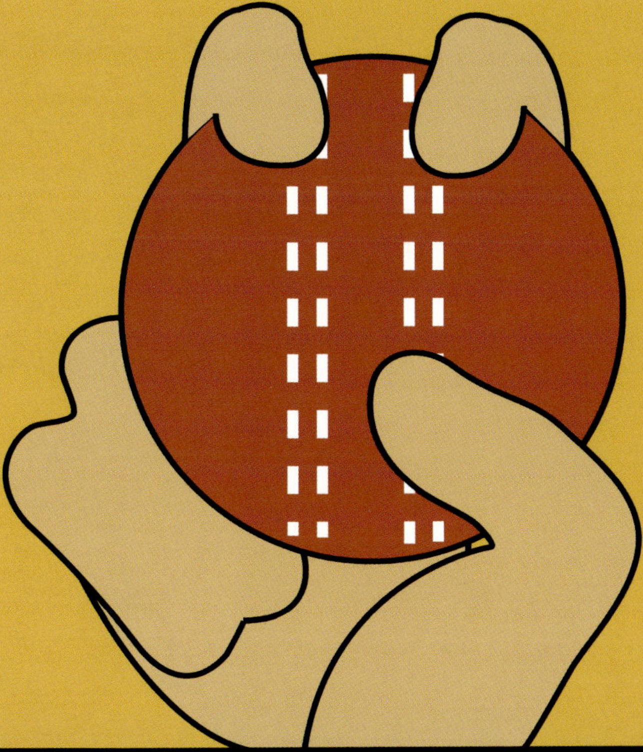

基础知识

投球的握球方法

- 球员应该用拇指在下面握球，前两个手指放在上面（在球的接缝的两边呈“兔子耳朵”形状）。投球时，接缝应为垂直的，指向击球手。

投球动作

- 投球手应侧身对着投球方向。当用投球的方式握球时，投球的手臂伸直，持球手的掌心应朝向膝盖后的方向。与此同时，另一只手臂应向天空伸展。一旦球员准备投球，做一个像风车一样的动作，把非投球手臂向下，投球手臂向上挥动。
最后，当投球动作完成时，投球手臂的摆动应在身体前面结束。

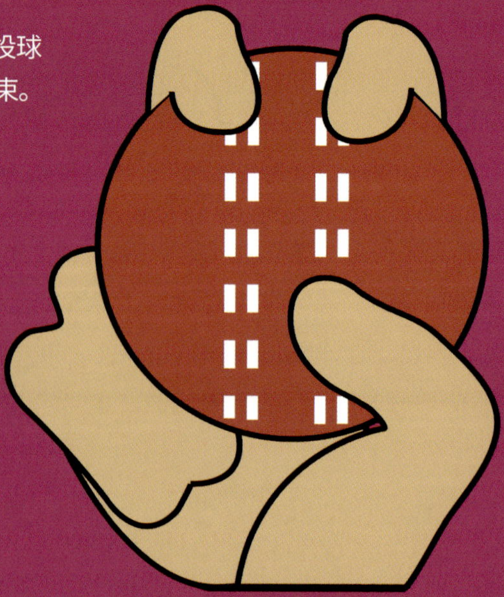

投球跟随

游戏时间：	所需器材：	建议分组：
10 分钟	锥形桶、球、桩门	每组 3 人

游戏目标：击中桩门

教学指导

1 3 人一组，每组 1 个锥形桶和 1 个桩门。

2 一名球员作为投球手，另一名球员在桩门后，第三名球员在球道边作为外野手。

3 投球手投球，守桩员捡球，并且把球传给外野手，外野手将球传回投球手。

4 每投球 6 次后交换角色。

游戏进阶

- 每次尝试后改变位置。
- 外野手站在球道的另一边。

指导点 / 成功标准

- 使用“兔子耳朵”握法。
- 侧身站，两脚分开。
- 前臂指向目标。
- 手臂伸直像风车一样挥臂，在最高处释放球。
- 投球后的跟随动作。

问题引导

- 如果你一直随球动作（跟随动作）的话，会发生什么？（球会投得更远）
- 助跑有什么帮助？（会使投球获得更多力量）

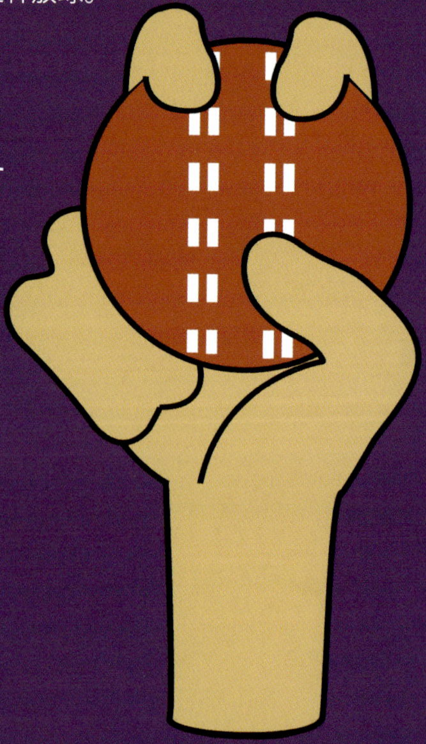

侧身投球

游戏时间：	所需器材：	建议分组：
15 分钟	锥形桶、球、桩门	无

游戏目标：强调侧身投球的动作

教学指导

1　用锥形桶建立一个 10 米 ×10 米的正方形场地。

2　球员站在正方形场地的四个角。

3　一名球员按照顺时针方向把球投向锥形桶的下一名球员。

4　球员接住迎面而来的球，然后顺时针方向投向下一名球员。

游戏进阶

- 在每名球员的投球线路上设置 2 个桩门（相隔 0.5 米），投球手必须设法把球投过桩门形成的通道。

指导点 / 成功标准

- 使用“兔子耳朵”握法。
- 侧身站，两脚分开。
- 前臂指向目标。
- 手臂伸直像风车一样挥臂，在最高处释放球。
- 投球后的跟随动作。

问题引导

- 当你向前迈步掷球时，前脚该指向哪里？（指向目标）

测试投球

游戏时间：	所需器材：	建议分组：
10 分钟	锥形桶、球、桩门	每组 2 人

游戏目标：正确的投球姿势并尝试击中桩门

教学指导

1 将锥形桶和桩门分开 12 米放置。

2 使用侧身投球技巧（没有助跑），投出球并试着击中桩门。

3 进一步的挑战，击中桩门得 2 分，球穿过锥形桶之间得 1 分。

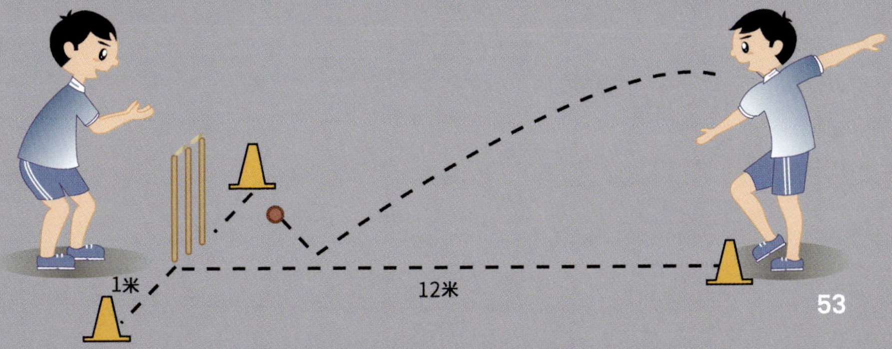

大力投球

游戏时间：	所需器材：	建议分组：
10 分钟	锥形桶、球	无

游戏目标：向其他球员投球

教学指导

1 每组中 1 名投球手，其余为外野手。

2 投球手将球投给场地中的外野手，然后跑向锥形桶后返回，尽可能多次折返。

3 同时，外野手争球，抢到后将球送回开始投掷的锥形桶处。

3 2 轮投球后，球员交换角色。

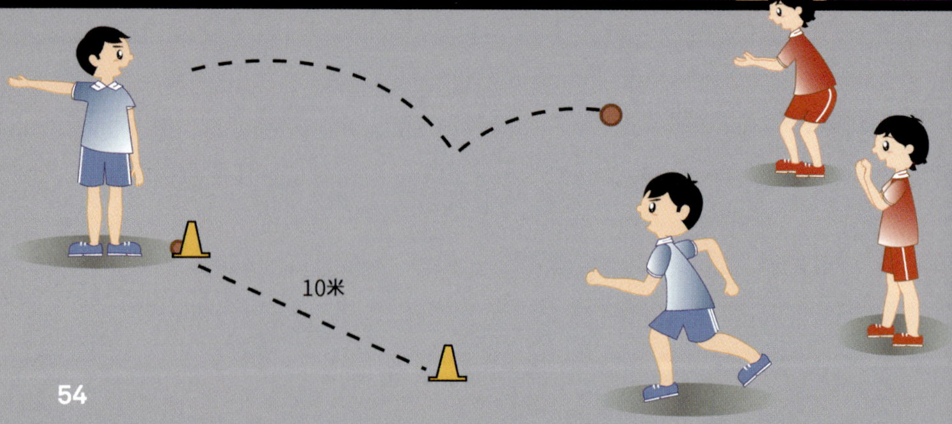

游戏进阶

- 连续投掷 6 个球。
- 在 6 个球都被投掷完前，外野手不能移动。

指导点 / 成功标准

- 使用“兔子耳朵”握法。
- 侧身站，两脚分开。
- 前臂指向目标。
- 手臂伸直像风车一样挥臂，在最高处释放球。
- 投球后的跟随动作。

问题引导

- 想要准确投球，你应该做些什么？
  （将非投掷手臂指向目标）

风车投球

游戏时间：	所需器材：	建议分组：
10 分钟	锥形桶、球	无

游戏目标：尽可能多得分

教学指导

1 练习像风车旋转的投球动作，具体见本章“基础知识”。

2 站着不动，练习把球投到用锥形桶标记出的区域。

3 根据球落在哪个区域，球员得分：区域 1 得 1 分，区域 2 得 2 分，以此类推。

游戏进阶

- 投进由同伴指定的一个区域。
- 加上助跑投球。

指导点 / 成功标准

- 使用“兔子耳朵”握法。
- 侧身站，两脚分开。
- 前臂指向目标。
- 手臂伸直像风车一样挥臂，在最高处释放球。
- 投球后的跟随动作。

问题引导

- 投球时手臂离你的耳朵有多远？
  （它应该擦过你的耳朵）
- 怎样使球投得更远？
  （充分完成投球后的跟随动作）

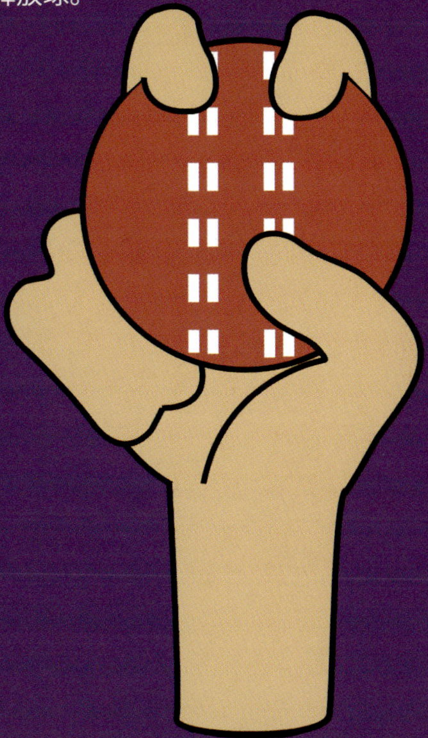

综合练习 5

一二三四

游戏时间：	所需器材：	建议分组：
20 分钟	锥形桶、球、球板、球座	每组 4 人

游戏目标：得到尽可能多的分数

教学指导

1 分成 2 个人数相等的小组（击球小组和外野小组），每组 4 人。

2 放置 4 个锥形桶，每个锥形桶相隔 5 米，距离击球手最近的锥形桶 1 分值，距离击球手最远的锥形桶 4 分值。

3 击球手轮流将球击入场地，然后决定跑向哪个锥形桶，如果他们能在球回到锥形桶（外野手将球放到锥形桶上）之前到达，就能得到相应的分数。

4 在与外野小组交换前，每名击球手都有 2 次击球机会。

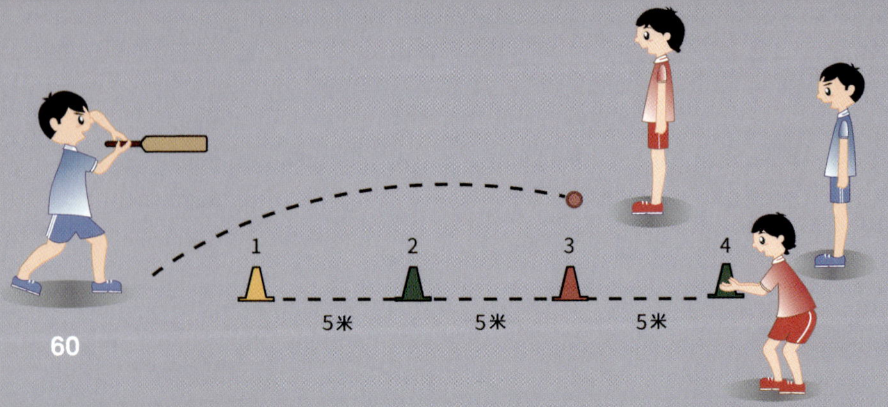

游戏进阶

- 连续击打 2 次球，并且尝试跑出特定的分数，比如在 2 次跑动中得到 7 分。
- 击球小组的其他球员喊出跑向哪个锥形桶，如果正确，他们能得到额外奖励的分数。

指导点 / 成功标准

- 正确地用两只手握住球板。
- 侧身站立。
- 向后引板，并翘起手腕。
- 前跨击球，向下挥板，用球板正面击球。
- 击球时，头部保持稳定。
- 眼睛注视着球击打进入场地。

问题引导

- 作为击球手，你应该向哪里击球，为什么？
（将球击打到远离外野手的位置，为了得到更多分）
- 你要怎么做才能把球击向指定方向？
（随挥动作朝向指定方向）

板球环游

游戏时间：	所需器材：	建议分组：
15~20 分钟	锥形桶、球	每组 6~8 人

游戏目标：比对手得到更多分数

教学指导

1 分成 2 个人数相等的小组（击球小组和外野小组），每组人数为偶数。

2 用 4 个锥形桶围成一个菱形，每个锥形桶之间相距 5 米。

3 击球手依次将球投进场地，然后绕锥形桶跑垒，每经过一个锥形桶得 1 分。

4 外野手需要快速把球送回本垒，当球回到本垒时，外野手停止跑动。

5 在每名击球手各绕 2 圈后，小组交换位置。

游戏进阶

- 增加或者减少锥形桶的数量。

指导点 / 成功标准

当滚球或者低手投球时：

- 与投球手臂相反的那只脚向前迈步；
- 保持手臂伸直。

问题引导

- 把球投出的最佳地点是哪里？
  （没有外野手的任何地方）
- 作为一名外野手，站在哪里最好？
  （远离其他外野手的地方，这样你就有更大的机会拦截球）
- 在场地上的外野手应该如何合作，让球更快地回来？
  （一个人追球，然后把球传给其他外野手）

分散滚球

游戏时间：	所需器材：	建议分组：
15~20 分钟	锥形桶、桩门、球	每组 4 人

游戏目标：得到更多的分数

教学指导

1 4 人一组，其中 1 名击球手，3 名外野手。

2 相距 10 米设置 2 个桩门，在桩门之间的两侧各距离 5 米设置 2 个锥形桶。

3 击球手在场地上滚动投出 1 个球后，尽可能在桩门之间多跑动，每完成 1 次跑动（从一个桩门到达另一个桩门）得 1 分。

4 外野手必须尽可能快地收集球，把球送回两个锥形桶中的一个，并把球摆在锥形桶的顶部。

5 一旦球被摆回锥形桶，击球手必须停止跑动。

6 当击球手完成 2 次桩门间的往返跑后，小组内循环交换击球手，使每个人都有得分机会。

游戏进阶

- 击球手用低手投球替代滚动投球。
- 击球手用球板把球打到场地上。

指导点 / 成功标准

- 当滚动投球或低手投球时要确保手臂伸直，同时，与投球手相反的那只脚（右手投、跨左脚）必须前跨并朝向投球方向。

问题引导

- 击球手把球投出的最佳地点是哪里？（没有外野手的任何地方）
- 作为一名外野手，站在哪里最好？（远离其他外野手的地方，这样你就有更大的机会拦截球）
- 在场地上的外野手应该如何合作，让球更快地回来？（一个人追球，然后把球传给其他外野手）

收集者

游戏时间：	所需器材：	建议分组：
20 分钟	锥形桶、球、球板、球座	每组 4~6 人

游戏目标：收集尽可能多的锥形桶

教学指导

1 分成 2 个人数相等的小组（击球小组和外野小组）。

2 击球小组轮流将球打离球座，然后跑动收集锥形桶，每次收集 1 个。

3 外野小组需要收集球并将其带回球座，当球被送回球座时，击球手必须停止跑动。

4 数有多少个锥形桶被击球手收集到了，在轮到下一个击球手击球时将其放回去，每个锥形桶等于 1 分。

5 每名击球手击球 2 次。

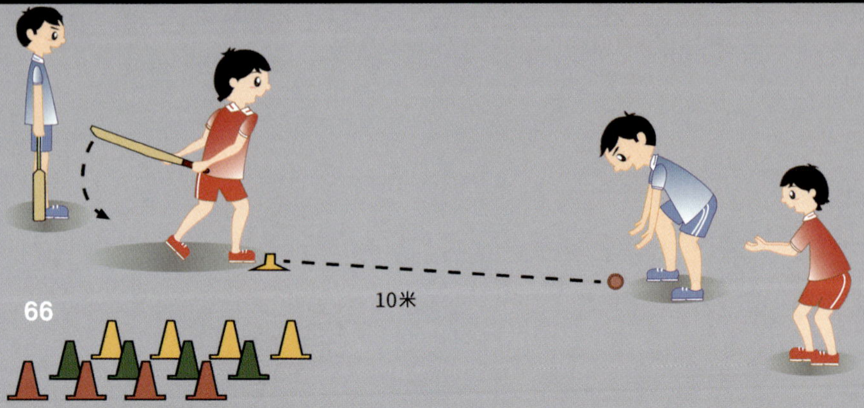

游戏进阶

- 投球或扔球替代击球。
- 增加击球手到锥形桶的距离。
- 击球手跑向一桶球，用低手传球，1 次传 1 个球给其他击球手，接球成功得 1 分。
- 外野手把球放回击球座前必须互相传 1 次球。

指导点 / 成功标准

- 两只手正确地握球板。
- 侧身位前跨击球。
- 向下挥板，用球板的正面直接击球。
- 击球时，头部保持稳定。
- 看着球，把球打到空位。

问题引导

- 在比赛中外野手应该怎么组织？
  （分散开——有的外野手离得近，有的离得远）
- 外野手如何让击球手感到困难？
  （通过分散开来，共同合作）
- 你怎么决定谁去追球？
  （离球最近的人应该去追球）
- 如果你不去追球，你应该做什么？
  （配合呼应追球的外野手）

热身游戏　6

裁判标签

游戏时间：5 分钟 | 所需器材：锥形桶 | 建议分组：无

游戏目标：学习板球裁判规则

教学指导

1 球员分散在一个锥形桶围成的区域内，一名球员作为“标记者”开始游戏。

2 “标记者”的手触到其他球员时，这名球员即“被标记”。当“被标记”时，球员应该保持单腿站立、双臂张开的静止状态，直至被其他球员（不包括“标记者”）释放。

3 “被标记者”要被释放，必须由另一名球员（不包括“标记者”）跳起来与其击掌后，才能恢复自由。

4 每次“被标记”后，释放过程中应再添加一个动作。

5 球员在释放“被标记者”时不能“被标记”。

游戏进阶

- 当“被标记”时，执行“4 runs”的裁判手势。
- 当“被标记”时，执行“6 runs”的裁判手势。
- 当“被标记”时，执行“Leg bye”的裁判手势。
- 当“被标记”时，执行“Bye”的裁判手势。
- 当“被标记”时，执行“Wide ”的裁判手势。
- 当“被标记”时，执行“No ball”的裁判手势。
- 当“被标记”时，喊出“How is it”，并执行“Out”的裁判手势。

指导点 / 成功标准

- 确定球员都用了清楚的信号姿势。

问题引导

- 什么时候是释放“被标记者”的好时机？
  （当“标记者”不在附近时）
- 如何清楚地传递裁判信号？
  （准确地展现裁判手势）

陷在泥里

游戏时间：	所需器材：	建议分组：
5 分钟	锥形桶	每组 2 人

游戏目标：避免被标记

教学指导

1 球员在一个规定好的区域内分散，确定好一名“标记者”，“标记者”的手触到其他球员时，其他球员即“被标记”。

2 当一名球员“被标记”时，他必须双臂展开、双腿张开站立。

3 其他球员要释放“被标记者”，必须从他的手臂下钻过。

4 球员在释放“被标记者”时，不能“被标记”。

游戏进阶

- 球员在钻过去释放“被标记者”之前，先进行五星跳跃（手脚的开合跳）。

指导点 / 成功标准

- 弯曲膝盖，另一只脚前跨。
- 充分展开双腿和双臂。

问题引导

- 什么时候是释放“被标记者”的最佳时期？
（当“标记者”不在附近时）
- 哪里是“标记者”做标记的最佳地点？
（“被标记者”的附近）

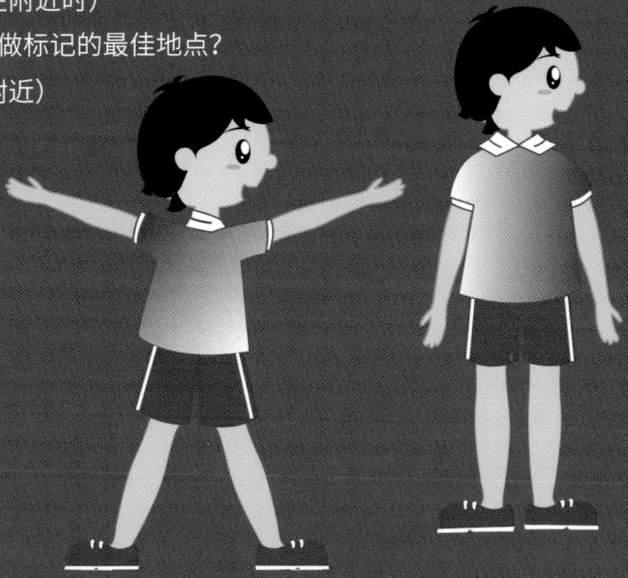

雪球标签

游戏时间：	所需器材：	建议分组：
5 分钟	锥形桶、球	无

游戏目标：避免被标记

教学指导

1 用锥形桶围出一个区域，所有球员都必须站在区域里面。

2 把球（“雪球”）给一名球员——这名球员是每个人都必须避开的“标记者”。

3 “标记者”必须四处跑动来“标记”其他的球员（必须手持球并用球触碰其他球员，严禁掷出），所有球员不能跑出规定的区域。

4 一旦“被标记”，球员必须从区域外面的桶里面捡一个球，然后他自动变成另外一个“标记者”。

5 最后一个“被标记”的球员就是赢家。

游戏进阶

- 当一名球员“被标记”后，他必须抛球、跳跃并在空中抓住球 5 次，才能成为一个活跃的“标记者”。
- 可以使锥形桶围出区域的面积变大或者变小。

指导点 / 成功标准

- 寻找躲避“被标记者”的移动空间。
- 作为一个“标记者”，与其他“标记者”的团队配合。

问题引导

- 当你作为一群“标记者”中的一个时，你会做什么？
  （一起合作来“标记”其他球员）
- 你怎么来确认球员是否“被标记”了？
  （看他手里是否拿着球）

图书在版编目（CIP）数据

板球游戏 / 苏巍，钱啸寅，冯坚主编 . -- 上海：
同济大学出版社，2022.6
ISBN 978-7-5765-0182-7

Ⅰ . ①板… Ⅱ . ①苏… ②钱… ③冯… Ⅲ . ①板球运
动—基本知识 Ⅳ . ① G849.9

中国版本图书馆 CIP 数据核字（2022）第 040858 号

板球游戏

苏　巍　钱啸寅　冯　坚　主编

责任编辑　朱　勇
责任校对　徐春莲
装帧设计　张　微

出版发行　同济大学出版社 www.tongjipress.com.cn
（地址：上海市四平路 1239 号　邮编：200092　电话：021–65985622）
经　　销　全国新华书店
印　　刷　上海丽佳制版印刷有限公司
开　　本　889mm×1194mm　1/32
印　　张　2.375
字　　数　64 000
版　　次　2022 年 6 月第 1 版　2022 年 6 月第 1 次印刷
书　　号　ISBN 978-7-5765-0182-7
定　　价　28.00 元

本书若有印装问题，请向本社发行部调换